Ce livre appartient à

ANNE-MARIE GAIGNARD

HUGO
et les clés de la concentration

Illustrations de François Saint Remy

Le Robert

DIRECTION ÉDITORIALE : MÉLANIE LOUIS
ÉDITION : TARA MAZELIÉ
CORRECTION : CATHERINE LAINÉ
FABRICATION : STÉPHANIE PARLANGE
CRÉATION GRAPHIQUE : LAURIANE TIBERGHIEN

ISBN : 978-2-32101-419-5

N° éditeur: 10251175 - Dépôt légal: août 2019
Achever d'imprimer en Espagne en juillet 2019 par Gráficas Estella.

SOMMAIRE

Chers parents,

C'est avec un réel plaisir que je m'adresse à nouveau à vous. Vous connaissez sûrement les ouvrages intitulés *Hugo et les rois Être et Avoir* et *Hugo et les secrets de la mémoire*. Voici un troisième volume, original et captivant.

Mon expérience en tant qu'auteure et formatrice depuis de nombreuses années m'a permis de côtoyer quantité d'enfants, accompagnés de leurs parents souvent inquiets. J'ai travaillé dur pour redonner aux enfants, aux jeunes mais aussi aux adultes confiance en eux. En leur permettant de rédiger des écrits sans fautes, grâce à des techniques simples de mémorisation, les élèves sont capables de remonter leur moyenne et d'apprendre durablement. Et ça marche !

Me voici aujourd'hui face à un dilemme et celui-ci n'est pas des moindres. Trop souvent, nos enfants entendent qu'ils sont dispersés, turbulents, étourdis, mais ce que je sais d'eux, c'est qu'ils ont mal, tout simplement. Et c'est ce « trop-plein d'énergie » que je vais décortiquer et tenter d'apprivoiser avec vous. Pendant des années, j'ai travaillé aux côtés d'enfants qui souffraient de multiples troubles des apprentissages. Je constate malheureusement qu'aujourd'hui encore, beaucoup d'entre eux semblent atteints de troubles de l'attention.

Que vous soyez inquiets, cela ne m'étonne absolument pas. Je ne compte plus le nombre de fois où j'ai entendu des parents me dire : « mon fils est un hyperactif », « ma fille est la reine de

CHAPITRE 1

Le jardin où pousse le bonheur...

Nina virevolte dans tous les sens. Son écran magique qui la relie à la Terre vient de lui adresser un message de détresse. Elle est bouleversée et doit immédiatement prendre une décision de la plus haute importance.

Sans hésiter, elle se place devant le filtre à parole. Celui-ci devient bleu, signe d'une mise en relation imminente. Ses deux mains sur sa taille, Nina attend, impatiente, afin de diffuser son message. Le signal passe au vert. C'est maintenant.

– Bonjour. Ici Nina. Demande d'activation d'un plan d'urgence, annonce-t-elle.

Elle sait parfaitement que cette autorisation peut lui être refusée. Trois fois seulement dans la vie d'une fée, pas une de plus et, pour Nina, c'est la deuxième. Le temps d'attente lui semble long, mais elle garde espoir.

Soudain, l'écran s'allume à nouveau.

Indiquez-nous la destination que vous souhaitez, Nina.

– Tout d'abord, je dois me rendre sur la planète du Bonheur puis partir directement vers la Terre.

L'écran se rallume.

**Souhaitez-vous, pour cette mission,
l'activation d'un programme particulier ?**

– Oui. Je souhaiterais intégrer le programme « S3 Haute transformation ». Je ne l'ai jamais utilisé, mais il me semble indispensable. Je dois

pouvoir user de tous les pouvoirs qui seront à ma disposition grâce à ce programme.

Attendez quelques instants...

Nina sait bien que ce type de voyage est éprouvant, mais elle doit accomplir cette mission. Quelqu'un qu'elle connaît bien est en souffrance. Pourtant, elle le revoit, fier tel un gagnant, tenir dans sa main les cinq clés de la réussite.

Le signal lumineux s'active.

Mission autorisée, Nina.

Elle virevolte, folle de joie. L'accord est tombé, elle a réussi ! Un crépitement la sort de ses pensées...

Programme S3 Haute transformation : Accordé.
Départ « Planète du bonheur » dans trente secondes.

Nina entend le décompte. Elle est prête ! Le temps pour elle de fermer les yeux et elle décolle tout en douceur.

Ce lieu unique va lui permettre de transformer l'énergie dont elle aura besoin une fois sur Terre. À son arrivée, les arbres la saluent en secouant leurs branches. Une lumière diffuse colore la minuscule planète d'une blondeur aussi pure que le miel. Elle se faufile, doucement, le long d'un chemin cahoteux bordé de buissons sauvages qui lancent des épines de tous côtés. Nina le sait : atteindre le centre du jardin est toujours un peu compliqué.

Le bonheur y est très bien gardé.

Elle aperçoit maintenant un nuage de vapeur. Elle y est presque et pour mettre toutes les chances de son côté, elle accélère le pas. Pour Nina, il n'y a pas une minute à perdre.

– Ah ! Le voici enfin ! dit-elle tout bas, saluant de la main quelques insectes bourdonnants en plein repas.

Des centaines d'oiseaux lui souhaitent la bienvenue au Jardin du Bonheur. Nina sait parfaitement où se rendre. Encore quelques pas et elle trouve le premier carré. Elle n'a qu'à se pencher et cueillir les petites cannes de bambou magiques. Il y en a à foison. Elle ne choisit que celles qui comportent des nœuds régulièrement espacés. Cela signifie qu'elles sont en pleine forme. Ces plantes donnent l'impression d'être coupées et, à leur sommet, se dressent des touffes de feuilles d'un vert éclatant.

– Elles sont jeunes, bien rigides et courtes, dit Nina. C'est parfait, précise-t-elle en choisissant la première.

Elle veille à ne pas choisir celles qui ont tendance à se plier. En vieillissant, elles finiront par s'enrouler et perdront leur pouvoir. Elle prélève trois tiges avec d'infimes précautions. Puis, elle s'avance vers le carré de la santé et cueille cinq jeunes tiges. Munie de ses huit cannes magiques, elle passe en chantonnant devant le carré de la chance. Elle s'arrête et sourit.

– Non, dit-elle. Je file mon chemin, sans me retourner... La chance ? Je n'en ai pas besoin pour accomplir ma mission.

Elle claque des doigts et s'envole droit vers la planète bleue, petit point doré qui fonce à vive allure vers sa destination.

– J'en ai ras le bol, ras la casquette ! ronchonne Hugo en marchant pour rejoindre l'arrêt de bus qu'il emprunte tous les jours pour se rendre de son école à la maison.

« Bien fait pour moi. Je rapporte mon livret d'évaluations, se dit-il en se mordant les doigts. La maîtresse de CM2 ne m'a pas loupé. Maintenant, je n'ai plus qu'à ruser et trouver le meilleur moyen pour que ce cahier soit signé dans les temps. »

Tout en accélérant le pas, il repense à cette dernière heure de cours. C'est la dernière semaine avant les vacances de Noël.

« Madame Barré a bien pris son temps en s'approchant de mon bureau. Elle tenait, tel un trophée, mes évaluations du premier trimestre. Le titre, « cahier de réussite », aurait dû me réjouir, mais moi, je ne suis pas un gagnant. Pas de médaille pour moi. Je savais qu'il contenait des notes minables qui indiquaient clairement des « non acquis » ou, au mieux, des « en cours d'acquisition ». J'ai alors tendu la main, sans la regarder, pour prendre mon cahier. Ma respiration s'est arrêtée. Du haut de mes dix ans, je tenais entre mes mains mon cahier d'échecs et je savais ce qui m'attendait. La punition suprême, la pension, à la rentrée scolaire prochaine ! »

Hugo avait feuilleté son cahier des malheurs. Il avait tourné quelques pages et était tombé sur l'appréciation générale de la période 1.

> Son attention et sa concentration sont très brèves et il faut toujours canaliser Hugo pour qu'il sorte de ses rêveries et le relancer dans son travail afin qu'il ne soit pas en décalage avec le reste de la classe.
>
> Il ne sait jamais ce qu'il faut faire, ni où nous en sommes du travail. Il répond trop souvent à côté des questions, malgré des capacités certaines. J'ai l'impression qu'il fait le travail pour s'en débarrasser au plus vite. Sachez qu'Hugo ne perd jamais l'occasion de s'amuser. Il fait preuve d'un manque de rigueur. C'est inquiétant.

« Elle ne m'a pas fait de cadeau », s'était-il dit en relisant la dernière phrase. Il avait attrapé son sac de cours et avait glissé le cahier dans la poche arrière. « Ce soir, lorsque je le présenterai à ma mère, elle plantera ses grands yeux tristes dans les miens… Comme d'habitude ! Elle prendra une grande respiration en me le retirant des mains, le signera sans prononcer un mot. Elle est comme ça, maman. Elle me tolère mais surtout, elle ne sait plus en quelle langue me parler. Elle a baissé les bras, tout comme papa. Je sais que je suis un empêcheur de bonheur. Tout est de ma faute. Mes parents n'osent même plus en parler ensemble.

Mon père se défilera sur la pointe des pieds, de peur d'être pris à témoin, et tout cela à cause de mes bêtises en rafales. Je sais, la liste est longue et elle me suit, collée à ma peau depuis si longtemps. Je voudrais bien que cela s'arrête mais je ne trouve ni le courage ni l'envie. Je suis celui qui n'est pas concentré en classe, pas passionné, pas calme et encore moins attentif. Je n'en peux plus de ce refrain qui tourne en boucle dans ma tête tous les trois mois ! »

Hugo s'assoit sur le banc de l'abribus.

« De toute façon, mon père n'a que son travail en tête ». « Pff ! », s'exclame Hugo. « Il ne veut pas entendre parler de ma scolarité. Il ne cherche même plus à me capter ! »

Chaque fin d'après-midi, Hugo emprunte la ligne 7 jusqu'à son terminus. Comme chaque jour, il se place dans la file d'attente pour monter dans le bus.

En voyant un groupe d'élèves derrière lui, Hugo se dit que, pour une fois, il ne sera pas le dernier. « Pourtant, être à la queue, ça, je connais ! » pense Hugo. « Aujourd'hui, j'ai encore récolté une mauvaise note. Je déteste les nombres décimaux. Je hais cette fichue virgule. Je suis encore allé trop vite pour ranger ces nombres en ordre décroissant. »

Il grimpe les trois marches du bus, salue le chauffeur et fonce s'asseoir. À peine installé, il a comme un rituel, coller son front contre la vitre et se perdre dans ses rêveries. Son sac de cours est posé sur le siège d'à côté. Hugo essaye de ne plus penser à rien, juste regarder défiler les boutiques qui scintillent de mille feux en attendant Noël, et les marcheurs pressés de rentrer chez eux...

Mais ce soir, pas d'ambiance joyeuse à la maison à l'approche des fêtes. À cause de lui, l'ambiance générale dans la maison sera

EXERCICE 1

LE 8 À PLAT

OBJECTIF : APPRENDRE À ME CONCENTRER LORSQUE J'ÉCOUTE

Eh oui ! Ce signe n'est pas anodin. Vous, parents, vous l'avez probablement reconnu, c'est aussi le symbole mathématique de l'infini. À lui tout seul, il en dit tellement long... Il est éternel, sans fin, comme pour nous dire que rien ne s'arrête vraiment. Mais, avant de proposer ce petit exercice et d'en parler avec votre enfant, testez-le vous-même. C'est un excellent moyen de se recentrer, de se calmer, d'être bien concentré. Pourquoi ? Sans vous en rendre compte au début, vous allez faire travailler, ensemble, les deux hémisphères de votre cerveau. Que vous partiez du centre ou de n'importe où sur ce dessin, l'effet sera le même.

Cet entraînement, répété souvent, est idéal pour apprendre à se concentrer afin de développer son attention.

1 La première chose à faire est de laisser votre index parcourir le dessin. Faites-le une dizaine de fois selon un rythme régulier et plutôt lentement.

2 N'hésitez pas à laisser votre tête se balancer lorsqu'elle suit le mouvement de votre index. Laissez-vous porter. À chaque fois que vous vous trouvez d'un côté ou l'autre du dessin, tel le mouvement d'un métronome posé sur un piano, gardez le même rythme. Vous sentirez mieux vos deux hémisphères fonctionner ensemble. C'est le but de cet exercice.

POUR ALLER PLUS LOIN

LE 8 À PLAT AU PLAFOND

OBJECTIF : SE METTRE EN « ÉTAT D'APPRENDRE » ET « SE CONCENTRER »

Tous les enfants sont capables de se concentrer à des moments précis de la journée. Ces moments, ils ne les connaissent pas forcément. J'espère que vous comprenez que nous allons avancer ensemble, pas à pas. Il s'agit pour l'instant de les amener à se concentrer quelques minutes. Le temps s'allongera au fur et à mesure de la lecture de cet ouvrage.

1. Imaginez que vous dessinez le symbole à plat et au plafond. Utilisez le pouce droit et dessinez, dans le vide, le 8 à plat sur le plafond, le bras droit levé et tendu. Répétez cet exercice trois ou quatre fois.

2. Utilisez maintenant le pouce gauche et dessinez le 8 à plat sur le plafond, le bras gauche levé et tendu. Répétez cet exercice trois ou quatre fois.

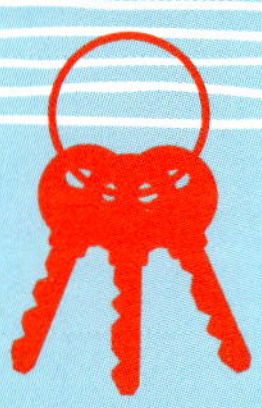

3 À présent, utilisez vos deux pouces pour réaliser deux 8 à plat en même temps, non pas sur le plafond mais face à vous, dans le vide.

4 Redressez-vous, tendez bien vos deux bras et vos deux pouces en avant.

5 Maintenant, collez vos pouces puis pliez légèrement les bras afin de rapprocher vos deux pouces de votre nez. Laissez quelques centimètres quand même !

6 Écartez vos pouces pour commencer à dessiner le 8 à plat dans le vide devant vous. Dessinez un 8 à plat à droite et en même temps à gauche. N'hésitez surtout pas à faire se rejoindre vos pouces et recommencez l'exercice quatre ou cinq fois.

Pour que cet exercice soit efficace, respirez après chaque mouvement et pensez toujours à coller puis décoller vos pouces en les éloignant l'un de l'autre afin que vous puissiez réaliser les mouvements en entier. Pas si simple, me direz vous. Faites-le en famille, vous verrez, c'est un pur moment de bonheur et de rires partagés. À chaque fois que votre enfant devra se calmer, s'isoler pour mieux se concentrer, pensez à lui rappeler que le 8 à plat est une excellente méthode !

CHAPITRE 3

La grande lessive

Hugo a eu un sommeil agité. Ni son père ni sa mère ne l'ont prié de descendre dîner. Il s'est endormi très tard. Trois petits coups secs à la porte de sa chambre. C'est le signal, l'heure de se réveiller et de sortir du lit, vite fait, bien fait.

Hugo déteste toutes les sonneries et particulièrement celles des réveils, alors il n'active pas la sonnerie du sien. Il a bien compris que sa mère rusait un peu et qu'elle lui permettait ainsi de gagner quelques minutes de sommeil. Leur code : trois petits coups à la porte de sa chambre.

Mais son père ne le voit pas du même œil. Il est contre ce principe. Pour lui, c'est un moyen trop enfantin, et il estime qu'il serait temps

TOP

D'une manière ou d'une autre, qu'elle soit placée à droite ou à gauche, sa mèche est un signe de reconnaissance pour certains, et un message du genre « laissez-moi tranquille » pour d'autres. Hugo sait faire. Il la place donc à sa convenance, devant son œil droit, juste pour que personne ne s'intéresse à lui, et particulièrement pendant les cours. Sauf une, qu'il trouve bien mignonne. Elle se prénomme Lili.

Il sourit et file bon train sur le trottoir. Il sera à l'heure pour attraper son bus. Pas de cahier des malheurs, pas de punition. Pas de punition, pas de pension. C'est au troisième arrêt du bus qu'Hugo relève la tête. Quelqu'un vient de s'asseoir à ses côtés. Il envoie balader sa mèche et sourit à la passagère :

– Ah ! Bonjour, Mélina. Merci pour le petit mot.

– Je t'en prie, je t'ai fait un petit clin d'œil. Tu as compris ?

Dès que l'on demande à Hugo s'il a compris, il a des frissons et perd tous ses moyens.

– Non, j'ai rien pigé du tout. J'ai pourtant regardé ce dessin dans tous les sens, mais je n'ai rien capté.

– Calme-toi, Hugo. Ne t'inquiète pas, je vais t'expliquer et tu vas comprendre.

Visiblement, Mélina n'est pas dans le jugement, bien au contraire. Pendant le trajet, elle lui explique les bienfaits de ce dessin. Hugo est captivé. Il va pouvoir s'en servir, en dessiner d'autres, des plus petits, des plus grands. Mélina lui a confirmé que plutôt que de mordiller le bout de son crayon, il pourrait mieux se concentrer, être plus attentif, si son index parcourait régulièrement le signe de l'infini.

– C'est quoi l'infini ?

– On raconte qu'un mathématicien l'aurait inventé. Tu sais, les nombres ne s'arrêtent jamais. Alors, il a créé ce symbole pour dire « et jusqu'à l'infini ».

Hugo la regarde, captivé. Mélina continue.

– Par exemple, précise-t-elle, tu peux le plastifier et l'avoir toujours avec toi. Dès qu'une explication démarre, ou que ta maîtresse revient sur le contenu d'un cours, utilise-le, plutôt que de gigoter sur ta chaise. Discrètement, laisse ton doigt courir sur les contours du dessin. Ton esprit sera ainsi ouvert à l'écoute. Tu seras nettement plus attentif.

La jeune femme observe sa réaction. Hugo ne bronche pas. Alors elle reprend.

– Ainsi, ta main sera occupée et cela te permettra d'écouter efficacement tout en restant calme. Tu vois, c'est tout simple. Évidemment, cela t'empêchera aussi de déranger tes voisins…

Toujours aucune réaction d'Hugo. Elle ne lâche rien et se lance dans une courte démonstration.

– Regarde, tu peux toi-même te mettre dans cette position. Celle du 8. Cette posture, c'est celle de l'écoute attentive. Et hop ! Tu deviens un 8 sur ta chaise de classe.

Elle éclate de rire.

– Allez, vas-y pour voir.

Hugo s'exécute.

Il croise sa jambe gauche sur celle de droite et pose d'abord sa main gauche puis la droite par-dessus afin que le 8 soit parfait.

Elle lui fait un petit hochement de tête pour lui signaler que c'est bien. Hugo a déjà vu ce petit mouvement de la tête quelque part… Pourtant, il ne connaît pas Mélina.

« Alors… Ah ! mais oui, pense Hugo, c'est le même que celui de ma mère. »

– Hugo, tu m'écoutes ?

Hugo hoche lui aussi de la tête. Mélina reprend :

– En classe, soit tu écris, soit tu recopies le tableau ou tu réalises un exercice. Ce n'est pas dans cette partie du cours que tu es agité, c'est lorsqu'il faut que tu écoutes. Alors, dès que la maîtresse dira quelque chose comme : « Je souhaiterais que vous reteniez la petite synthèse que je vais vous faire » ou « Cette formule, ne l'oubliez pas », « Cette date est importante », etc., à cet instant précis, vite, vite, vite, tu défais le 8 en posant juste tes deux pieds en même temps sur le sol. C'est la position d'enregistrement. N'hésite pas à me dire si tu n'as pas bien compris, Hugo, d'accord ?

Tout le reste du parcours, Hugo s'entraîne… et répète tout bas :

– Je me mets en 8, j'écoute. Je dois retenir, je défais le 8 et pose mes deux pieds bien collés au sol.

Ce qui est incroyable, c'est que deux camarades de classe sont sur la rangée d'à côté. Ils le voient faire mais ils ne disent rien.

– Pourquoi ils ne me captent pas ces deux-là ? demande Hugo.

– Tout simplement parce que cette posture est naturelle. Elle n'attire pas le regard des autres. En classe, il te suffira de reculer un peu ta chaise, si celle-ci est légèrement trop près de ta table, et le tour sera joué.

– À voir si ça marche. Je vais essayer…, dit Hugo, sa mèche revenue cacher son œil droit.

Mélina sourit. Tel un petit bouddha, Hugo a le dos bien droit collé au siège, sa jambe gauche par-dessus sa jambe droite, sa main droite posée sur sa cuisse gauche, paume tournée vers le haut, et sa main gauche placée par-dessus la droite, paume vers le ciel.

« Drôle de fille ! pense Hugo, mais gentille, en tout cas ». Le bus ralentit. Mélina se lève, sourit et le quitte sans prononcer un mot de plus.

Ce matin, Hugo se sent mieux et quelque chose lui dit que cette toute nouvelle rencontre n'est peut-être pas anodine. Sa journée d'école démarre par une heure de sport. Tant mieux, il adore cela. « Au moins, je suis debout à bouger dans la cour de récré », se dit-il. Mais, ce qu'il ne sait pas, c'est que Madame Barré leur a réservé une surprise…

EXERCICE 2

LE 8 SUR SOI

OBJECTIF : SE RECENTRER ET SE CONCENTRER SUR LE MOMENT PRÉSENT

Suis les conseils de Mélina et, toi aussi, adopte la position du 8! Elle permet de développer ton attention.

CHAPITRE 4

Vive le sport !

Étonnée par le petit mot laissé par Hugo, sa mère se rend directement dans la salle de bains. Quelle n'est pas sa surprise en ouvrant le tambour de la machine à laver ! Le sac à dos, couleur bordeaux foncé, a viré à un bordeaux moucheté, piqueté de blanc. Elle le sort, affolée par le résultat.

– Mais qu'est-ce qu'il m'a fait ? dit-elle, en essayant de faire tomber une à une les minuscules petites bouloches blanches.

Elle frotte énergiquement le tissu détrempé et comprend.

– Mais, c'est du papier détrempé qui s'est collé sur la toile du sac… ? ronchonne-t-elle tout haut.

Elle met le sac sur l'envers, rien dans la poche principale. Elle le repasse sur l'endroit et ouvre la fermeture éclair de la poche avant. Elle comprend.

« Oh ! non ! Hugo n'a pas pensé à vider toutes les poches du sac », se dit-elle avec un brin d'indulgence, mais qui disparaît instantanément lorsqu'elle découvre qu'il ne s'agit pas d'une quelconque photocopie, mais bien de tout autre chose.

Elle le reconnaît, même trempé. C'est le carnet d'évaluations.

« Ah ! Il va m'entendre à son retour… »

Hugo, en tenue de sport, s'échauffe, comme tous les élèves, en petites foulées autour du stade. Ce lieu d'entraînement, c'est une surprise pour les élèves, jusqu'à Noël. Un coach, nommé par la mairie, sera sur place pour les entraîner. Hugo adore l'idée. Tels des sportifs professionnels, tous les élèves suivent scrupuleusement les consignes données.

Hugo aperçoit même un athlète connu qui s'entraîne au cent mètres haies ! Ce dernier vient les saluer avant de reprendre une séance d'entraînement avec un coach privé. Hugo a la passion du sport. C'est là qu'il se sent à sa place.

Au coup de sifflet, tous les jeunes élèves se regroupent autour du coach sportif. Madame Barré est là, elle aussi, assise sur les gradins, qui surveille le groupe.

– Je m'appelle Franck. Aujourd'hui, séance de saut en longueur. Qui, parmi vous, connaît son pied moteur ? demande-t-il.

Romain et Tony pouffent de rire.

– Il a dit quoi ? Son pied moteur ? Mais c'est quoi, ce truc ?

– Je répète, qui connaît son pied moteur ? Allez… allez !

Clothilde se lance.

– Je suis droitière, donc ce doit être mon pied droit ?

– C'est un bon début. Allez, j'attends les jeunes, réveillez-vous ! Vous êtes en CM2, mais c'est comme si vous y étiez, non ?

– Où ça, m'sieur ? demande Tony.

– Au collège ! C'est pour demain ! Allez, j'attends !

Hugo ne réagit pas. Il n'a rien à dire, ou plutôt, il a peur de prendre la parole et il est comme paralysé. En classe, il ne veut plus intervenir du tout. Il a essayé tellement de fois, quand il était plus petit, mais souvent il se trompait, les autres riaient et lui ne comprenait pas pourquoi... Il a fini par se faire oublier et depuis, rien ne peut le faire sortir de son silence.

Hugo regarde le ciel qui se charge de nuages. Il adorerait qu'il se mette à neiger, là, maintenant. Le coach s'approche de lui.

– Toi, qui rêvasses, place-toi devant moi et écarte légèrement tes jambes.

Hugo s'exécute et ses camarades regardent attentivement la scène. Puis Franck s'avance derrière Hugo et le pousse légèrement dans le dos.

Hugo fait alors un pas vers l'avant.

– Voilà, annonce Franck. J'ai ton pied moteur. C'est ton pied droit qui est parti en avant le premier. Allez, les enfants, mettez-vous deux par deux et, chacun votre tour, poussez doucement votre camarade dans le dos. Vérifiez bien le premier des deux pieds qui part en appui...

Hugo s'approche de Lili.

– On essaie ?

– Oui, répond Lili. J'suis prête.

Hugo la pousse vers l'avant.

– C'est ton pied gauche qui est parti le premier !

Et ils éclatent de rire.

Le calme est revenu dans le groupe. Hugo affiche un beau sourire et Franck lui demande encore de faire une démonstration devant tous ses camarades pour le prochain exercice. Hugo, mèche du côté droit, baisse la tête, mal à l'aise.

– Pour effectuer un bon saut en longueur, précise Franck, il est nécessaire que votre course d'élan soit efficace, que votre impulsion soit bien placée, que vous restiez en l'air un maximum de temps sans perdre l'équilibre et enfin, que la réception soit réussie.

Hugo a discrètement compté sur ses doigts. Quatre choses essentielles pour réussir. Mais une question lui brûle les lèvres. Que ne ferait-il pas pour le sport ? Alors, il se lance, au grand étonnement du groupe.

– Monsieur, comment je peux être certain d'arriver avec le bon pied sur la planche de saut ?

– Eh, en voilà une question pertinente ! Si tu l'as posée, c'est peut-être que tu as déjà ton idée ?

– Faire le chemin à l'envers et compter mes pas ?

L'ensemble du groupe s'agite et quelques réflexions fusent.

– Pas étonnant, Hugo, tu fais déjà tout à l'envers !

Franck ne laisse pas les autres s'immiscer. Il se tourne vers le groupe et lance aux élèves un regard noir qui en dit long. Puis il fait signe à Hugo de procéder comme il le veut.

EXERCICE 3

LE PIED MOTEUR

OBJECTIF : CONNAÎTRE SON CERVEAU ET SON RAPPORT AU CORPS

Chers parents, il est essentiel de savoir quel est le pied moteur de votre enfant. Il se met en place naturellement entre ses trois et six ans. C'est important, car je vous parle ici de sa latéralisation. Il s'agit pour vous de connaître quel côté de l'hémisphère, droit ou gauche, est mis en avant chez votre enfant. Cela vous servira par la suite à trouver comment il peut mieux se concentrer et mieux apprendre. Rien ne vous empêche de le faire vous aussi, si vous ne le connaissez pas. Il n'y a pas d'âge limite et ce sont des exercices marrants à réaliser sous forme de jeux. Surtout, cela donne une indication sur sa latéralité et la suite des événements.

1 Comment trouver son pied moteur ?
Demandez à votre enfant de se placer devant vous, jambes légèrement écartées, mais pas plus que la largeur de son bassin. Accroupissez-vous derrière lui si c'est un petit ou tenez-vous debout derrière lui si c'est un enfant plus âgé. Prévenez-le puis poussez-le doucement dans le dos. Le premier pied qu'il avancera pour se rattraper est son pied moteur.

La coordination des mouvements est essentielle dans les apprentissages. C'est la base de tout. Si un enfant n'est pas concentré, cela peut venir d'une méconnaissance de lui-même. Il faut donc lui expliquer pourquoi vous faites cet exercice.

2 Taper dans un ballon

Observez votre enfant et demandez-lui de taper avec un pied dans un ballon que vous avez posé devant lui. Qu'il « shoote » comme les grands footballeurs. L'important est que vous puissiez repérer ceci : le pied qui reste au sol est celui que vous devrez lui demander de poser sur sa trottinette. C'est d'ailleurs le même pied qu'il posera sur la pédale de son vélo pour pouvoir s'élancer.

3 Sauter sur un pied pour confirmer son pied moteur

Observez votre enfant et demandez-lui de sauter sur un pied. Le pied avec lequel il saute, donc celui qui reste au sol, est le même pied que celui qu'il utilisera pour faire de la trottinette ou du vélo.

Si, et cela peut arriver si c'est un petit, votre enfant change de pied les différentes fois où il s'exerce, alors répétez plusieurs fois l'exercice, jusqu'à ce que vous déterminiez le pied qu'il aura naturellement le plus sollicité.

EXERCICE 4

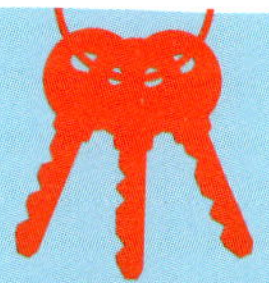

LES CAPACITÉS DE CONCENTRATION

OBJECTIF : FRANCHIR LA LIGNE MÉDIANE DU CERVEAU POUR AUGMENTER LA PRODUCTIVITÉ

1 Je lève le bras droit vers le haut, j'écarte mon bras gauche et je vais toucher ma cuisse gauche puis ma cuisse droite, quatre fois de suite.

2 Je croise maintenant vers l'arrière. Mon bras droit passe derrière mon dos et je vais taper ma cheville gauche, puis je fais de même avec mon bras gauche qui passe derrière mon dos et vient taper ma cheville droite.

3 C'est mon coude droit que je viens poser sur ma cuisse gauche et *idem* pour le coude gauche sur ma cuisse droite.

4 Je me sers du dos de ma main droite pour aller toucher mon mollet gauche, en me penchant légèrement et j'inverse.

Il s'agit de reproduire le mouvement de la reptation du bébé que l'on appelle aussi « la marche à quatre pattes ». Toutefois, cet exercice se fait en position debout. Il a pour objectif de franchir la ligne médiane du cerveau et d'augmenter notre productivité. Nous sommes prêts pour nous concentrer et donc prêts à apprendre.

Le mouvement croisé permet de franchir la ligne médiane. Nous la franchissons sans même réfléchir et activons donc alternativement l'hémisphère gauche puis l'hémisphère droit de notre cerveau. En effet, l'activation d'un seul côté du cerveau nous confine dans la linéarité et la répétition, alors que l'activation des deux côtés ouvre la porte à l'inhabituel et à l'imagination.

L'ensemble des mouvements, répétés, permet de développer « l'attention aux gestes ». Celle-ci consiste en une éducation des attitudes afin d'être enfin disponible pour apprendre ! Cela marche aussi pour les adultes, bien entendu…

Vous constaterez que cet exercice n'est pas si évident que cela. Afin de le maîtriser, il faudra le répéter souvent et surtout vérifier que les quatre mouvements sont bien **fluides, sans hésitation,** et sans arrêt entre chaque mouvement. L'enfant peut le réaliser seul ou à plusieurs, à la maison comme dans la cour de récréation.

❶ Présentez d'abord à votre enfant les quatre mouvements.

❷ Vérifiez qu'ils sont bien compris et parfaitement enregistrés par votre enfant. Insistez bien sur le fait qu'il aille au même rythme que vous, qu'il n'essaie pas de vous dépasser. En le faisant ensemble, en marchant côte à côte, vous éviterez qu'il aille trop vite. Il ne doit pas y avoir d'arrêt entre chaque mouvement. Tant que l'enfant hésite, se trompe, il faut reprendre l'exercice. Vous pouvez lui faire répéter indépendamment les quatre mouvements afin qu'il parvienne à les faire sans s'arrêter.

❸ Avancez doucement en produisant le premier mouvement et changez tous les quatre pas. Il faut répéter plusieurs fois l'exercice afin que les hésitations entre chaque mouvement diminuent, puis disparaissent complètement. Ainsi, le mouvement croisé sera parfaitement acquis.

❹ La cerise sur le gâteau : n'hésitez pas à ajouter une difficulté supplémentaire une fois l'exercice bien compris. Il s'agit de reproduire les mêmes mouvements mais en sautillant. Beaucoup d'enfants ont du mal à sautiller d'un pied sur l'autre. Cet exercice pourra les libérer de cette paralysie en leur permettant d'être fluides dans leur mouvement et en leur donnant l'impression de bien maîtriser leur corps et leurs gestes.

Ah ! si seulement nous avions la liberté de faire faire cet exercice aux enfants avant de leur demander d'être assis, à l'écoute et prêts à apprendre, cela nous faciliterait bien la vie ! Vous pouvez d'abord faire cet exercice vous-mêmes, le mémoriser, et ensuite en faire la démonstration à votre enfant, qui devra vous imiter. C'est un moment de partage à ne pas négliger.

CHAPITRE 5

La fameuse plaque dorée

Hugo se l'est promis. Ce soir, il va descendre du bus et mener sa petite enquête. Il veut absolument voir ce qui est écrit sur la plaque et découvrir ce que Mélina fait dans la vie.

Sac de sport sur le dos, il quitte l'école et grimpe dans le car. Il s'en veut un peu d'avoir répondu sèchement à Franck. Évidemment qu'il adorerait s'inscrire au club d'athlétisme ! Mais il ne peut pas imaginer une seconde obtenir l'accord de ses parents. Eux, ils ne voient qu'un fils avec des résultats médiocres, un manque de concentration, un manque de travail et un comportement dérangeant.

– Heureusement que toutes ces horreurs sont passées dans le tambour de la machine à laver ! murmure Hugo.

Le bus ralentit. Hugo se prépare. Sans saluer sa petite bande de copains, il se lève et descend, dès l'ouverture de la porte du bus. Que va-t-il découvrir ? Qui est Mélina ? Il s'engage sur le passage pour piétons et parcourt les quelques mètres restants en direction de la porte cochère.

Hugo n'en croit pas ses yeux, son cœur bat la chamade. La plaque en laiton dorée a disparu ! Il est complètement sonné et n'arrive pas à réaliser ce qu'il vient de découvrir.

« Aucune marque des quatre vis qui maintenaient la plaque au mur ! Non ! Ce n'est pas possible ! Elle n'a pas pu s'envoler comme ça ! Mais elle n'était pas dans le bus aujourd'hui… »

Hugo, terriblement déçu, entame un demi-tour. Mais quelque chose le retient. Il entend une petite voix derrière la porte.

– Arrête un peu de tirer sur ta laisse, voyons !

À l'autre bout, une femme décroche.

– Bonsoir, madame. Nous ne nous connaissons pas encore, alors permettez-moi de me présenter. Je m'appelle Mélina. J'emprunte la ligne 7 du bus en fin de journée, comme Hugo. J'ai eu la chance, à plusieurs occasions, de m'asseoir à côté de votre fils. Nous avons parlé ensemble de choses et d'autres. Il m'a dit que vous travailliez dans le domaine du service à la personne, et comme c'est également mon domaine, il m'a donné votre numéro de téléphone.

– Bonsoir. Ravie qu'Hugo ait pensé à parler de mon métier avec vous, mais je ne suis pas intéressée par du matériel de maintien à domicile. Je n'ai besoin de rien, je vous remercie.

– Attendez, ne raccrochez pas, s'il vous plaît, réplique Mélina. Je souhaiterais que vous m'accordiez un peu de votre temps, pas pour parler travail mais pour que je puisse vous parler d'Hugo. Seriez-vous d'accord ?

– Que se passe-t-il ? demande Martine, la mère d'Hugo, surprise.

– Rien de grave, mais je pense que ce serait vraiment utile que nous puissions nous voir toutes les deux.

Silence sur la ligne.

– D'accord, reprend Martine. Alors, voyons-nous rapidement. Juste à côté de chez nous, il y a un petit parc qui fait l'angle de la rue Duroc.

– J'y serai dans trente minutes, précise Mélina.

– Parfait, je vous y attendrai, rétorque Martine, un peu agacée par ce rendez-vous précipité. Mais quelque chose lui dit qu'elle doit s'y rendre. Cette jeune femme a une voix douce et rassurante. « Et puis, Hugo ne donne que très rarement mon numéro de portable. J'ai confiance en mon fils. Après tout, je ne risque rien », pense-t-elle.

Martine a à peine raccroché qu'Hugo entre dans la maison.

– Hello, mum !

– Ah ! Hugo, te voilà.

Hugo s'attend au pire. Son scénario de grande lessive a dû être découvert. Il va devoir s'expliquer.

– Au fait, tu as bien mis mon sac à sécher ?

Martine prend une grande respiration.

– Oui, il pend. Nous devons parler, Hugo. Mais avant cela, j'ai une course à faire. Nous n'avons plus de confiture... Mets-toi au travail, mon chéri. Je m'absente pour très peu de temps.

Elle attrape son manteau puis sort, claquant la porte derrière elle. Hugo la trouve un peu bizarre, mais il n'a qu'une idée en tête : récupérer son sac. Il ouvre la porte de la salle de bains et l'aperçoit, tel un pantin pendu au fil à linge.

« Ouf ! » pense-t-il en s'approchant pour le décrocher.

Le sac est à peine sec, mais tant pis. Quelque chose attire pourtant son attention. Il n'aura pas besoin d'ouvrir la poche avant. Elle bâille et laisse apparaître quelque chose de blanc. Le cœur d'Hugo s'emballe. C'est le coin d'une feuille.

– Non ! non ! non ! hurle-t-il en retirant la feuille de papier, soigneusement pliée en quatre.

Il lit :

Mon fils, il va falloir que nous parlions
tous les deux... et vite !

Maman

– Imaginez un iceberg qui flotte à la surface d'un océan. Vous le voyez ?

– Oui, répond Martine.

– Maintenant, essayez d'imaginer ce monstre de glace, mais comme si vous étiez sous l'eau.

Mélina agite sa canne magique.

Martine n'en revient pas. Elle a devant les yeux, pourtant toujours fermés, une merveilleuse image. Comme si elle y était.

– Oh, mon Dieu ! C'est à la fois merveilleux et terrible ! s'exclame-t-elle.

– Dites-moi ce que vous voyez, lui demande Mélina, qui veut uniquement la faire parler.

– Si les préoccupations d'Hugo… Sa voix tremble, mais elle reprend. Si le mal-être que ressent mon fils est aussi énorme que ce que je vois sous l'eau, alors le chantier est titanesque !

– Martine, gardez vos yeux fermés encore un instant.

Martine obtempère mais elle ne peut pas s'empêcher de penser que cette femme a un réel pouvoir sur elle. « Je lui fais confiance, alors que je ne la connais même pas », pense-t-elle. Soudain, une autre image apparaît. Martine n'en revient pas. Elle voit Hugo, comme s'il était là, lui faisant face. Il lui parle :

– Maman, j'ai peur. J'ai la honte, maman. Tu sais, on se moque de moi quand je me trompe au tableau. Je me sens nul, maman, j'ai du mal à comprendre. Madame Barré s'est encore fâchée contre moi. Je ne veux plus que ça recommence. J'ai peur de vous décevoir, toi et papa, parce que je n'y arrive pas. J'ai peur que vous ne m'aimiez plus parce que je ne suis pas bon à l'école.

Des larmes coulent sur les joues de Martine, mais quand elle ouvre les yeux, elle est seule sur son banc. Mélina a disparu.

EXERCICE 5

LE POUVOIR DES MOTS

OBJECTIF : INSTAURER UN CLIMAT DE CONFIANCE PROPICE À L'APPRENTISSAGE

Lorsque votre enfant rentre de l'école, profitez de ce temps pour lui parler de votre journée, plutôt que de lui poser la question qui fait mal : « Alors, tu as eu ta note en [insérer n'importe quelle matière enseignée à l'école] ? »

Nous avons tous, et nos enfants aussi, une journée derrière nous lorsque l'heure des devoirs a sonné. Plutôt que de partir du principe de se débarrasser le plus vite possible des leçons du soir, je peux vous aider en vous disant de vous accorder (à vous et à vos enfants) un temps pour respirer, un temps pour faire une vraie coupure. Qu'il mette son cartable dans un coin de la pièce et qu'il prenne vingt bonnes minutes pour faire ce dont il a envie. Faites de même, posez vos affaires, votre téléphone et prenez aussi ces vingt minutes pour faire ce dont vous avez envie ou besoin. Le fait de souffler permettra à vos enfants en difficulté scolaire et relationnelle de pouvoir lâcher prise.

1 Accordez-vous vingt minutes, la Terre ne s'arrêtera pas de tourner pour autant. Responsabilisez l'enfant le plus en difficulté. C'est lui qui doit venir vous chercher quand les vingt minutes seront écoulées. Mais il se pourrait aussi qu'il refuse. Dans ce cas, prenez quelques minutes pour discuter avec lui. Insistez sur le fait que vous avez confiance en lui. Que vous avez compris son mal-être et que si tout le monde joue le jeu, il ira mieux. Sachez que c'est toute la famille qui en tirera un énorme bénéfice. L'ambiance sera apaisée et propice à la mise au travail. Vous avez aussi le droit de ronchonner quand l'heure arrive et qu'il vous dit :
– Maman/papa, c'est bon, c'est l'heure, on s'y met ?

Vous pouvez lui répondre :
– Ah, déjà ? Je n'ai même pas fini de lire un article.
Ou :
– Je n'ai pas eu le temps de compléter ma grille de mots croisés.
Ou encore :
– Je n'ai même pas eu le temps de prendre ma douche !

Jouez le jeu pour qu'il sente qu'il n'est pas seul à faire des efforts en fin de journée.

❷ Posez un cadre et une condition.
Je serai à tes côtés parce que je sais que tu as toujours de bonnes idées. Je crois en toi. Je sais que tu as fait de ton mieux aujourd'hui. Il est impératif que votre enfant vous prouve qu'il a compris ce qu'on lui demande pour le lendemain. Donc, laissez-le s'exprimer à haute voix. Faites-le parler sur ce qu'il doit connaître ou savoir pour le lendemain. Aidez-le seulement en cas de besoin mais ne prenez pas le dessus.

❸ Fragmentez le temps pour rester motivé.
C'est ce que vous devrez mettre en place si vous traversez des périodes difficiles avec vos enfants ! Cela suppose donc que votre enfant ait une montre ou qu'il puisse voir l'heure à une pendule de la maison (indispensable pour séquencer le temps imparti). Séquencez au maximum le temps imparti toutes les cinq à dix minutes.

❹ Mettez-vous debout pour vous défouler, ensemble.
J'entends par là cinq minutes où la musique est en route et qu'il danse sur ses musiques préférées, ou simplement en chantant, et rien ne vous empêche de danser avec lui, de faire des mouvements de gym, bref, tout pour que le moment devienne joyeux. On dit souvent que le rire répare. Le jeu est tellement important pour que votre enfant reprenne confiance en lui. Plus il aura le choix de vous faire faire les mêmes choses que lui, plus l'ambiance s'apaisera et plus le travail sera efficace.

Votre enfant a besoin d'être accompagné, d'être encouragé et de savoir que vous l'aimez. Avec ce type de séquences, vous créez un environnement propice à l'apprentissage et à la bonne humeur. L'intérêt est que vous puissiez l'aider au mieux et que ce temps soit efficace et ne tourne plus au pugilat. La clé de la réussite, c'est la confiance que vous lui accordez. Ne perdez plus jamais cela de vue. Responsabilisez-le. Vous verrez très vite l'ambiance s'apaiser et sa concentration augmenter.

N'oubliez pas qu'il est important de boire. Boire un verre d'eau, c'est comme arroser notre cerveau, sinon il fatigue. Pour désamorcer une ambiance encore un peu tendue, souvenez-vous des petits jeux sympas : *1 2 3 Soleil !*, *Ni oui, ni non*, *Jacques a dit...* Tous ces petits jeux sont autant d'activités qui permettent d'améliorer le contrôle de soi.

Pourquoi pas parler cuisine et qu'il vous aide ? Je pense sincèrement que lorsque l'osmose est revenue, tout devient possible.

CHAPITRE 6

La petite fée doit reprendre des forces

Nina est repartie dans son royaume. L'activation du programme « S3 Haute transformation », l'a épuisée. Sa dernière apparition sur le petit banc, près de la maison d'Hugo, l'a complètement vidée de son énergie vitale. Elle doit absolument se ressourcer avant de repartir vers la planète bleue. Nina ne virevolte plus, et n'a même plus la force de lever sa baguette.

Alors, c'est par la pensée qu'elle décide de convoquer l'écran magique pour continuer à aider Hugo. Ce qui l'inquiète le plus, c'est qu'il a osé

ruiner son cahier d'évaluations. Ce n'est pas banal qu'un enfant pense à faire tourner une machine pour laver ses peurs et faire disparaître toutes les remarques désobligeantes écrites sur lui…

« Martine a bien réagi, se dit Nina. Elle a pris le temps de rédiger un petit mot à l'attention d'Hugo. C'est bien. Elle souhaite parler avec son fils. Mais Nina est tout de même tracassée. Elle sait qu'en ce moment, Hugo doit énormément s'en vouloir et se sentir de plus en plus dépassé. Il n'arrive plus à raisonner calmement. Son impulsivité prend le dessus… »

C'est à cet instant précis que l'écran magique s'allume. Cette étrange machine a le pouvoir de lire dans ses pensées. Elle sourit et écarquille les yeux. Une information lui parvient par image.

Hugo est assis à la table de la cuisine. Sac de cours ouvert, cahier de mathématiques sorti. Il a l'air plutôt serein.

À peine le temps de regarder la petite scène une deuxième fois que l'écran s'éteint.

– C'est cela, c'est exactement cela, dit le vieil homme. C'est grâce à ces trois petits entraînements qu'Hugo retrouvera de l'énergie dans son cerveau. Il sera beaucoup moins fatigable et beaucoup plus présent. Tu verras, Nina, dans quelque temps, l'anxiété et le stress auront été domptés par Hugo…

Le vieil homme se lève doucement et s'approche de Nina, qui en a fait de même.

– Te voici prête pour aider ton ami. Ce sont de précieux conseils que je te livre aujourd'hui. Hugo va adorer. Tu pourras lui dire que cet entraînement s'appelle « Je connais mes points positifs ». Ainsi, il pourra, à tout moment, en classe comme à la maison, s'en servir pour se calmer, mieux se concentrer et, surtout, faire peu à peu disparaître le stress. Je peux compter sur toi ?

– Bien entendu, monsieur.

– Non, ne m'appelle plus monsieur, appelle-moi simplement Maître Boul. Maintenant que nous nous sommes vus une fois, n'hésite pas, si tu as besoin, à faire appel à moi. Je serai toujours là pour toi.

Comme si Éclador avait compris que le moment était venu, elle l'entend gratter du sabot.

ruiner son cahier d'évaluations. Ce n'est pas banal qu'un enfant pense à faire tourner une machine pour laver ses peurs et faire disparaître toutes les remarques désobligeantes écrites sur lui…

« Martine a bien réagi, se dit Nina. Elle a pris le temps de rédiger un petit mot à l'attention d'Hugo. C'est bien. Elle souhaite parler avec son fils. Mais Nina est tout de même tracassée. Elle sait qu'en ce moment, Hugo doit énormément s'en vouloir et se sentir de plus en plus dépassé. Il n'arrive plus à raisonner calmement. Son impulsivité prend le dessus… »

C'est à cet instant précis que l'écran magique s'allume. Cette étrange machine a le pouvoir de lire dans ses pensées. Elle sourit et écarquille les yeux. Une information lui parvient par image.

Hugo est assis à la table de la cuisine. Sac de cours ouvert, cahier de mathématiques sorti. Il a l'air plutôt serein.

À peine le temps de regarder la petite scène une deuxième fois que l'écran s'éteint.

Nina se réjouit d'avoir vu, posé bien en évidence et tout près de sa main droite, le symbole de l'infini. « Il faut que je retrouve assez de forces afin de continuer à lui apporter mon aide », pense-t-elle.

L'écran s'allume à nouveau. Nina lève les yeux et lit le message qui s'affiche :

Une destination surprise, cela vous conviendrait-il, Nina ?

– Une destination surprise ? Mais, pour y faire quoi ? demande Nina, les yeux rivés sur l'écran.

Pour trouver des solutions et vous ressourcer. Votre statut de fée est compromis si vous continuez ainsi et allez jusqu'à l'épuisement total. Alors, c'est un oui ou c'est un non ?

– C'est un oui, dit-elle en se disant en même temps qu'elle n'a pas vraiment le choix.

Départ imminent. Patientez quelques instants.

Nina se sent déjà un peu mieux.

Prête ?

– Prête.

Prise dans une sorte de tourbillon énergétique et circulant déjà à une vitesse folle, Nina ne voit rien du tout de l'environnement dans lequel elle voyage. Un brouillard épais l'enveloppe. Mais elle n'a pas le temps de penser qu'elle pose déjà ses deux pieds sur le sol.

Ce qu'elle découvre l'émerveille. Des chevaux par milliers viennent à elle pour l'accueillir. Elle n'est jamais venue ici auparavant. Ce qui la frappe le plus, ce sont les montagnes au loin, comme si ce petit coin de planète était volontairement protégé par de très hauts sommets.

Nina distingue clairement un cheval qui se détache du groupe et s'approche.

Elle le reconnaît. C'est Éclador, son cheval adoré ! Elle est folle de joie et avance vers lui. Éclador a été un compagnon fidèle. Bien des fois, il lui a permis d'arriver à temps afin de démêler des situations compliquées.

Le cheval blanc l'accueille en hennissant, puis baisse sa tête pour la saluer et lui fait signe de grimper sur son dos. Nina s'exécute immédiatement, trop heureuse d'avoir retrouvé son plus fidèle ami. S'engage alors une folle cavalcade. Éclador ne vole plus comme avant, mais il galope à plein régime. Elle se laisse faire. En toute confiance, elle ferme les yeux pour savourer pleinement cette magnifique escapade.

Puis, d'un galop effréné, Éclador passe à un trot plus lent, et se met au pas. La ligne d'horizon qui s'offre à Nina est coupée net par une sorte de tente, entièrement recouverte de branchages et de tresses composées de fruits multicolores. Elle savoure vraiment ce moment. Éclador s'arrête et Nina saute pour mettre pied à terre.

Doucement, elle s'avance vers ce qui lui semble être l'entrée de cette étonnante demeure.

– Entre, Nina, je t'attendais, dit une voix qu'elle ne reconnaît pas.

Elle pénètre dans la tente et aperçoit un homme très âgé assis par terre. Il est tellement ridé que son visage ressemble à un vieux parchemin froissé et jauni. Ce sont ses yeux, d'un noir profond, qui attirent Nina.

– Bonjour, dit-elle.

– Bonjour, Nina. Comment va ton petit Hugo ? demande-t-il.

– Pas très bien, lui répond-elle, étonnée que ce vieil homme connaisse la raison de sa venue.

– Nina, je vais t'aider à poursuivre ta mission. Assieds-toi ici.

Elle fait deux pas et s'installe sur un vieux tapis râpé, posé à même la terre.

– Nina, as-tu déjà entendu parler des points de concentration ?

– Les points de concentration ? répète Nina tout haut, en cherchant dans ses innombrables souvenirs ce que ce vieil homme lui demande. Non, je ne vois pas ce que cela peut être, je ne connais pas.

– Je ne vais pas t'apprendre qu'Hugo a beaucoup de mal à se concentrer et que tout cela le rend terriblement malheureux, n'est-ce pas ?

– Oui, je le sais. Ce qui m'inquiète, c'est qu'il a complètement perdu confiance en lui. Il commence à broyer du noir et donc à faire des bêtises qui pourraient lui coûter cher.

– Je sais cela. Maintenant, tu n'as plus qu'à m'écouter et me regarder Nina.

Assise en tailleur sur le tapis, elle est bien décidée à ne pas en louper une miette. Le vieil homme place ses deux mains devant lui et commence à lui faire sa démonstration.

– Tu vois, Nina, tous les humains ont deux bosses sur le front et ils ne s'en servent jamais, lui dit-il en éclatant de rire. Je vais te montrer comment apprendre à Hugo à passer la ligne médiane de son cerveau

ZZZZ

pour mieux réagir au stress qui le mine et l'empêche d'être serein. Il suffit de prendre l'index et le majeur de chaque main et de tourner autour des deux bosses du front dans le sens inverse des aiguilles d'une montre.

Nina observe et reste très concentrée.

– Hugo est trop dans son cerveau gauche. Il a besoin de plus d'énergie pour solliciter les deux hémisphères. Ces mouvements permettront de remettre l'ensemble de son cerveau en route et d'arrêter le fait qu'il soit toujours du côté gauche. Tu verras, assez vite, il ira mieux. Il pourra enfin souffler un peu. C'est un petit moyen simple pour retrouver toute sa vivacité et mieux gérer le stress. Maintenant, Nina, vas-y et compte jusqu'à dix doucement, en procédant comme je viens de te le montrer, les yeux fermés. Tu comprendras ce qui va se passer quand tu les ouvriras.

Ni une ni deux, Nina s'exécute, compte et respire à chaque tour de bosses.

Elle termine et ouvre ses yeux.

– C'est drôle, dit-elle, j'ai eu l'impression, juste quelques secondes, en ouvrant les yeux, que ma vision était un peu floue. Ce court entraînement a produit sur moi le même effet que lorsque je me réveille et que j'ouvre les yeux au petit matin. Ah, j'adore ! s'exclame-t-elle.

– Parfait ! dit le vieil homme. Avançons ensemble. Maintenant, tu vas trouver deux autres bosses à la base de ton crâne. Fais la même chose. Place tes deux mains derrière ta tête, à la base du crâne. C'est bon ? demande-t-il, tu as trouvé les deux petites bosses ?

– Oui, oui, confirme Nina.

– Maintenant, et toujours avec les deux mêmes doigts pour chaque main, appuis un peu plus fort en tournant autour des bosses dans le sens inverse des aiguilles d'une montre. Ce n'est pas très agréable mais cela sert à se réveiller, à être plus attentif. Compte jusqu'à dix.

Nina commence doucement. Elle compte et, arrivée à six, elle grimace. « C'est vrai que ce n'est pas très agréable », pense-t-elle. Elle poursuit et arrive à dix. Elle ouvre les yeux.

– Alors ?

– Cette fois, j'ai l'impression d'être encore plus présente, comme bien réveillée, répond-elle.

– Nina, quand tu retourneras sur la Terre, s'il te plaît, dis aux humains que lorsqu'ils conduisent depuis trop longtemps et qu'ils commencent à se frotter naturellement la base du crâne, c'est qu'ils sont épuisés. La conduite devient alors dangereuse. Ils doivent absolument s'arrêter et faire une pause de dix petites minutes. Pour Hugo, ce sera la même chose. C'est un geste naturel. Apprends-lui à se mettre en alerte et ainsi à mieux se connaître.

– Promis, dit Nina. Je passerai le message, vous pouvez compter sur moi.

– Une troisième et dernière chose, Nina. Joins tes mains et écarte-les sans que le bout de tes doigts ne se décolle.

– Comme cela ? demande Nina.

– Oui, c'est parfait. Nous formons une sorte de pont grâce à nos deux mains et nos dix doigts. Maintenant, écarte tes deux mains d'un petit centimètre et rapproche-les en tapotant, le plus doucement possible, le bout de tes dix doigts et ce, une dizaine de fois. Que ressens-tu ?

– Comme des tout petits picotements, un peu comme de l'électricité au bout de mes doigts.

– C'est cela, c'est exactement cela, dit le vieil homme. C'est grâce à ces trois petits entraînements qu'Hugo retrouvera de l'énergie dans son cerveau. Il sera beaucoup moins fatigable et beaucoup plus présent. Tu verras, Nina, dans quelque temps, l'anxiété et le stress auront été domptés par Hugo…

Le vieil homme se lève doucement et s'approche de Nina, qui en a fait de même.

– Te voici prête pour aider ton ami. Ce sont de précieux conseils que je te livre aujourd'hui. Hugo va adorer. Tu pourras lui dire que cet entraînement s'appelle « Je connais mes points positifs ». Ainsi, il pourra, à tout moment, en classe comme à la maison, s'en servir pour se calmer, mieux se concentrer et, surtout, faire peu à peu disparaître le stress. Je peux compter sur toi ?

– Bien entendu, monsieur.

– Non, ne m'appelle plus monsieur, appelle-moi simplement Maître Boul. Maintenant que nous nous sommes vus une fois, n'hésite pas, si tu as besoin, à faire appel à moi. Je serai toujours là pour toi.

Comme si Éclador avait compris que le moment était venu, elle l'entend gratter du sabot.

– Me voici, Éclador. Je constate que tu es toujours aussi impatient. Allez, fonce, lui demande-t-elle en grimpant sur son dos, serrant fort sa crinière.

Éclador galope et se dirige droit vers les montagnes. Sans ralentir la cadence, il fonce en direction d'une sorte de fleuve que Nina distingue maintenant très nettement. L'eau qui s'écoule est d'un vert émeraude. Éclador accélère encore. Nina a très peur. Elle espère qu'il ne va pas tenter de sauter de l'autre côté. Mais Éclador atteint un galop extrêmement rapide. Cette fois, Nina s'accroche plus fort à sa monture et passe ses deux bras autour du cou de son cheval. D'un bond majestueux, ils s'élèvent dans les airs.

– Éclador ! Mais tu voles ? Je suis si contente de te retrouver ! Voilà un moment que nous n'avions pu chevaucher tous les deux, lui crie-t-elle, heureuse de ces retrouvailles.

Nina est comme hypnotisée par la beauté de ce ciel rare. Là, au-dessus de sa tête, elle ne rêve pas. Il y a bien deux soleils. Un jaune et un bleu. Elle n'avait encore jamais vu une telle merveille. Éclador pique droit vers le soleil bleu. Il sait, lui, que là-bas, une femme l'attend pour lui délivrer un message de la plus haute importance. Ils ne sont plus maintenant qu'un tout petit point dans le ciel aux deux soleils...

EXERCICE 6

COACHING

OBJECTIF : VAINCRE LE STRESS ET AVOIR CONFIANCE EN SOI ET SES CAPACITÉS

J'ai connu, moi aussi, ces périodes difficiles où, dans le fond de mon lit, je cherchais à m'en sortir, sans vraiment y croire. La gorge serrée, la boule au ventre, je me levais, alors que je n'avais pas atteint mes dix ans, dans un état de stress. Impossible d'avaler quoi que ce soit avant de partir pour l'école : j'étais complètement nouée. L'enfant sait qu'il ne va pas bien, mais la première chose qu'il tente de faire, c'est de n'inquiéter personne de son entourage et de faire comme si tout allait bien. Je sais aujourd'hui que les causes peuvent être diverses. Mais je peux les résumer ainsi :

- Trop de pression des enseignants mais aussi des parents.
- Une peur incommensurable du regard des autres.
- Des attentes bien trop élevées.

Notre petit Hugo ressemble à l'un de vos enfants ? Pas de panique. Tout comme Hugo, votre enfant est prisonnier de ses peurs. Mais l'une de ces peurs est particulièrement prégnante. Il s'agit de la peur de l'échec. Quand il ne dort pas, l'enfant pense et il a peur. Quand il s'ennuie, il pense et il a peur.

Voici ce qu'il peut se dire, tout bas dans sa tête : « Si je rate les choses si souvent, c'est que je suis nul, et si je suis nul, je vais forcément être rejeté. Je serai automatiquement mis à l'écart par mes camarades, et même par ma propre famille. » Ce qu'il faut à tout prix essayer de faire ensemble, c'est de l'empêcher d'abandonner, de baisser définitivement les bras.

Si l'envie n'est plus là, si tout lui pèse, il faut agir. Mais, en prenant le temps de bien poser les choses et en appliquant quelques techniques simples, le stress peut être vaincu.

1 La transpiration est l'ennemie jurée du stress.
À elle seule, elle supprime les hormones qui le provoquent. Vous me voyez arriver… Alors oui, il faut bouger ! Le sport est un excellent moyen pour vaincre le stress.

2 S'apaiser
En classe ou à la maison, mais surtout avant de se mettre au travail, il suffit à votre enfant d'utiliser ses points positifs. Il serait bien qu'avec vous il apprenne à mieux se connaître. Vous devez l'aider à constater dans quel état il se trouve au moment où il doit être bien présent et prêt à se mettre au travail. S'il commence à grogner et à rechigner, vous devez immédiatement lui faire penser à :

- frotter les deux bosses de son front.

Il récupérera de l'énergie pour alimenter l'ensemble de son cerveau ;

- frotter les deux bosses à l'arrière de son crâne.
- mettre en contact le bout de ses doigts en les tapotant légèrement.

Si vous regardez autour de vous, vous verrez que certaines personnes font ce geste intuitivement lorsqu'elles sont à l'écoute. Non seulement ce geste simple permet de se concentrer, mais tout autant d'enregistrer.

3 Se reposer
Votre enfant doit être capable de repérer à quel moment il fatigue. Ce geste est naturel. Il peut le sentir et faire le nécessaire. Cela lui fera gagner encore quelques minutes pour être pleinement disponible. Il ne faut pas renouveler ce petit exercice plus de deux fois dans le temps total prévu et dédié pour le travail personnel. Votre enfant, trop sollicité après une journée de classe, pourrait rencontrer des difficultés au moment de s'endormir.

EXERCICE 7

LA VISUALISATION

OBJECTIF : VAINCRE LE STRESS ET AVOIR CONFIANCE EN SOI ET SES CAPACITÉS

Utiliser la visualisation permet de lâcher prise. La visualisation peut vraiment rendre un immense service à nos enfants (petits, moyens et grands) parfois stressés, inquiets ou qui ont perdu confiance en eux.

Qu'est-ce que la visualisation ?

C'est le fait de se raconter une histoire, de se faire un déroulé mental où tous les moyens possibles seront mis en place pour comprendre et parvenir au résultat. Et quoi de mieux que des images pour aider à mémoriser, à mieux apprendre et même à retrouver des connaissances ?

À quel moment faire appel à la visualisation ?

Avant de se mettre au travail : c'est le temps d'une mise en condition. Votre enfant sait qu'il va y arriver grâce à l'histoire qu'il va se raconter. La lecture d'un énoncé n'a rien de facile et en prendre possession encore moins, pour un enfant déjà en difficulté. Il doit donc apprendre à repérer ce qui est important et parfois réussir à mettre de côté des choses qui paraissent inutiles à ses yeux.

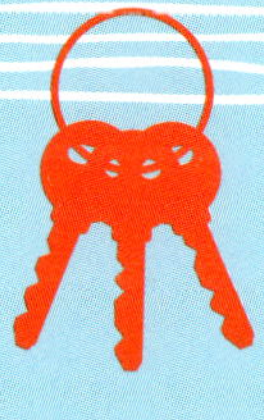

❶ Visualiser l'énoncé

Dans un village de 1 800 personnes, 1/4 de la population a plus de 60 ans. Et parmi les habitants, 2/3 sont des femmes. Le maire du village, à l'occasion des vœux du Nouvel An, a prévu d'offrir une bouteille de cidre à tous les hommes de plus de 60 ans et une boîte de savoureux chocolats à toutes les femmes de plus de 60 ans.

- **Combien de bouteilles de cidre le maire doit-il prévoir ?**
- **Combien de boîtes de chocolats le maire doit-il prévoir ?**

Pour rappel, une fraction est une partie d'un tout, 1/4 signifie « un quart », c'est-à-dire une partie (1) du tout (4), 2/3 signifie « deux tiers », c'est-à-dire deux parties (2) du tout (3).

Ce qu'il est important de comprendre, c'est comment on peut visualiser concrètement une définition, un postulat, même abstrait. La visualisation la plus simple est de fermer les yeux et d'essayer d'imaginer ce qu'il se passe dans la tête du maire. Votre enfant pourrait visualiser le terrain de football et y placer tous les habitants du village. Il respire et peut ainsi voir et comprendre ce qu'il se passe. C'est là que le dessin va énormément l'aider.

Voici l'histoire que j'ai imaginée...

2 Dessiner, arriver à schématiser, c'est comprendre !

J'ai tracé un cercle pour représenter le village entier. J'ai dessiné la mairie au centre du village, c'est-à-dire au milieu de mon cercle. J'ai écrit le nombre total d'habitants du village sur sa façade, soit 1 800 personnes.

Puis j'ai coupé le cercle de haut en bas et par le centre : cela fait apparaître 4 parties, bien distinctes et m'aide à mieux comprendre les fameux « quarts ».

J'ai colorié en bleu le premier quart en haut à droite pour bien illustrer que les plus de 60 ans sont là et que c'est ici que tout va se jouer. Je comprends que c'est uniquement dans cette partie bleue que je dois raisonner et procéder à tous mes calculs.

Je sais que tout le cercle représente bien 1 800 habitants. À présent, il faut que je trouve combien, dans cette partie bleue, sont les habitants de plus de 60 ans : Il est indiqué : 1/4.

Je trace alors 4 traits pour scinder en 4 la partie bleue, et je calcule :
(1 800 × 1 et ÷ 4 = il y a 450 habitants de plus de 60 ans dans la partie bleue.

Je dois toujours rester dans ce premier quart et ne plus en bouger car c'est ici que l'histoire se déroule.

Maintenant, je dois trouver qui, parmi les 450 habitants de plus de 60 ans, sont des femmes. Je sais qu'elles représentent 2/3. Je calcule alors :

450 × 2 et ÷ 3 = 300 femmes ont plus 60 ans,
donc 450 habitants = hommes + femmes de plus de 60 ans

J'enlève les femmes de plus de 60 ans : 450 – les 300 femmes, je sais que le résultat sera 150 hommes.

Le fait d'imaginer le village et de le dessiner aide à comprendre qu'il n'y a rien de compliqué dans tout cela. Il s'agit juste d'une histoire de parties dans un tout ; ici ; c'est un village.

Qu'il s'agisse de n'importe quelle matière, il est possible pour un enfant de se projeter dans une histoire pour mieux comprendre ce qu'on lui demande. Tous les moyens sont bons pour y parvenir : le geste permet d'être dans le vrai, qu'il s'agisse de mimer ou de dessiner.

Une fois le travail terminé, c'est le temps de la vérification, qui permet d'être rassuré.

CHAPITRE 7

Réunion de famille

Martine est de retour chez elle. La maison est calme. Hugo n'est pas au rez-de-chaussée, alors elle se plante aux pieds de l'escalier :

– Hugo, tu es dans ta chambre ?

– Oui, mum… répond-il. Je descends dans cinq minutes.

Il sait parfaitement qu'elle n'est pas allée acheter un pot de confiture. Il y en a plein dans la réserve.

La tête posée sur son oreiller, il tient entre ses mains le petit mot que sa mère a rédigé. Il le tourne et le retourne dans tous les sens. Il va avoir des comptes à rendre et cela le rend triste. Il a bien conscience, maintenant, d'avoir dépassé les bornes…

Martine s'avance dans le salon et se laisse tomber lourdement sur le canapé. Elle repense à ce qu'elle vient de vivre. Cette rencontre improbable avec cette inconnue l'a profondément troublée. Elle est sincèrement désolée pour Hugo. Elle a la sensation d'être passée à côté de la souffrance de son fils. Pourtant, elle pensait avoir fait de son mieux avec lui, mais visiblement, le mal-être d'Hugo est bien plus profond que ce qu'elle aurait pu imaginer. Cette vision de la partie immergée de l'iceberg l'a déstabilisée. Pour l'instant, elle n'a qu'une envie, trouver la force de parler à son fils mais tout autant à son mari. Faire reprendre confiance à leur fils va être une tâche ardue, qui va devoir être menée ensemble.

Hugo jette son hérisson magique qui atterrit sous son bureau, prend son courage à deux mains et descend.

– Tu te reposes, mum ? demande-t-il doucement en arrivant en bas.

– Oui, Hugo.

– Tu sais, j'ai trouvé et lu ton petit mot. Tu m'en veux ?

– Pas vraiment.

– Tu ne te mets pas en colère contre moi ?

– Non.

– Pourquoi ?

– J'attends que ton père arrive.

– Ah, non ! S'il te plaît, ne lui dis rien.

– Je ne peux pas, Hugo. Il doit savoir.

– Savoir quoi ? Que son fils est le plus nul des nuls ? Il en est déjà persuadé, cela ne servira à rien.

– Justement. Cela doit changer.

La porte menant du garage à la cuisine vient de s'ouvrir. Hugo a l'ouïe fine et comprend que son heure a sonné, son père vient de rentrer de sa journée de travail.

Il s'assoit, jette un regard à sa mère et attend le verdict.

– Salut, la compagnie ! Vous en faites une tête ! Que se passe-t-il ?

Hugo s'apprête à prendre la parole mais Martine l'arrête dans son élan.

– Assieds-toi, chéri, s'il te plaît, demande-t-elle à son époux.

Norbert prend place dans un des fauteuils.

– Je suis prêt, dit-il, l'air surpris. Qui y a-t-il ?

– S'il vous plaît, rétorque Martine, écoutez-moi tous les deux. J'ai des choses à vous raconter.

Hugo s'attend au pire. Mais contrairement à ce qu'il pensait, Martine raconte l'étrange coup de téléphone, puis sa rencontre avec une jeune

Au loin, elle aperçoit une sorte de petite crique et la mer, enfin une toute petite mer avec des vagues violettes qui viennent s'échouer sur une plage d'étoiles. Elle observe, totalement sous le charme de ce qu'elle voit, là, droit devant elle. Dans le ciel et à portée de mains, une énorme planète rose prend toute la place. Elle est tellement proche que Nina pourrait presque la toucher. Elle n'a jamais vu une chose pareille. Incroyable !

La nuit est tombée brutalement et seulement trois étoiles brillent dans le ciel, tandis que les autres recouvrent la plage. Nina constate que les trois étoiles bougent doucement, comme pour lui montrer le chemin qu'elle doit prendre. Elle décide de se laisser guider et se met en route. Là, cachée par les rochers, elle découvre une sorte d'arc, tel un pont où la lumière de plus en plus dorée l'attire. Une femme attend. Debout.

Nina n'en croit pas ses yeux. « Il y a de la vie sur cette minuscule planète bleue ! » pense-t-elle en sautillant. Elle n'est plus qu'à quelques mètres de la femme. Elle tente de se calmer et d'arriver sur ses pieds et pas la tête en bas.

– Ah ! vous voici, Nina, dit la femme.

Elle lui tend un lien où des étoiles sont reliées entre elles et ainsi maintiennent Nina en l'air.

– Votre visite me fait un immense plaisir. Je m'appelle Luciole. Je vis ici depuis des milliers d'années. Sachez que j'ai très rarement l'occasion de discuter un peu. Maître Boul m'a prévenue de votre arrivée. J'ai un message à vous transmettre. Nous devons faire vite avant que vous ne soyez affectée par l'atmosphère de ma petite planète. Ici, l'air bleu que vous respirez est tellement pur que vous pourriez en perdre la tête. Ma mission est simple. Je dois vous permettre de terminer la vôtre avant que vous ne repartiez pour la dernière fois sur la Terre. Ouvrez grand vos oreilles pour écouter l'histoire que je vais vous raconter. Je ne pourrai pas la répéter...

Nina, maintenue dans les airs par le lien étoilé, sursaute. Surprise, elle entend une musique douce et diffuse à l'intérieur de sa tête. Elle

1 Choisissez un thème avec votre enfant en évitant les sujets qui pourraient lui faire peur. Les thèmes peuvent porter sur plein de domaines : dinosaures, sports, enquêtes, secrets engloutis, contes de fées ou de cape et d'épée, animaux...

2 Prenez le temps, en suivant le modèle du récit, d'inventer une petite histoire ensemble. Vous l'écrivez. Vous l'enregistrez. Vous la réécoutez afin d'être certain qu'elle ne dépasse pas trois minutes. Ce temps court permet de rendre pratique cet exercice, qui doit pouvoir s'effectuer à différents moments de la journée, selon le besoin de l'enfant, sans demander trop de temps aux parents ni trop d'attention supplémentaire à l'enfant.

Rien ne vous empêche d'enregistrer le texte que Nina a reçu sur la planète bleue. Laissez-vous emporter. Faites l'essai et vous verrez que le temps que vous réserverez à ce petit exercice vous permettra de comprendre à quel point nous en avons tous besoin.

Nina ouvre les yeux doucement. Elle se sent calme et posée. Elle s'est laissée emporter par l'histoire. Elle était bien sur le vélo, elle a vu le petit bois, marché dans la clairière, pris le chêne dans ses bras… Elle était partie, là-bas, sur la Terre !

Elle s'apprête à raconter à Luciole ce qu'elle a vécu.

Celle-ci la fixe et lui sourit. D'un geste majestueux, elle lâche le lien qui les reliait. Évidemment, Nina s'envole, tel un ballon que l'on regarde monter toujours plus haut.

Éclador est là, fidèle. D'un coup de tête, il intime à Nina de grimper sur son dos. C'est avec une immense joie que Nina comprend que son cheval la ramène tout droit vers la Terre.

CHAPITRE 8

La réconciliation

Jamais Hugo n'avait passé une nuit aussi paisible. Cela faisait tellement longtemps qu'il attendait ce moment inespéré. Sa mère et son père avaient été grandioses. Pour lui, c'était Noël avant l'heure. Aucun cadeau aussi précieux ne lui serait offert !

Hugo n'est plus seul. Il veut absolument parler à Lili. Il demande donc à son père s'il peut utiliser le téléphone.

– Allô ? demande une voix d'homme.

– Bonjour, monsieur. Je souhaiterais parler à Lili, s'il vous plaît.

Il entend le père de cette dernière crier un peu pour se faire entendre :

– Lili, c'est pour toi !

Lili finit par se saisir du téléphone.

– Allô ?

– Lili, c'est Hugo.

– Coucou, Hugo !

– Tu pourrais m'attendre au portail de l'école vers 17 h ? J'ai besoin de conseils.

– Oui, mais…

– Je te raconte tout tout à l'heure, l'interrompt Hugo.

– D'accord, j'y serai.

Hugo raccroche. Le deuxième appel est pour son frère Charly, qui lui manque beaucoup.

– Salut, Charly, c'est Hugo.

– Salut, petit frère. Qu'est-ce qui t'amène si tôt le matin ?

– Ce serait un peu long à t'expliquer. Je voulais juste te dire que j'ai hâte que tu sois de retour à la maison.

Charly est étonné. Jamais Hugo ne lui a parlé de cette manière.

Noël est là. Cette année, pas de neige mais du soleil dans les cœurs chez Hugo.

Au pied du sapin, toute la famille est réunie. Charles, le grand frère, est arrivé la veille. Hugo et lui ont beaucoup parlé ensemble. Son grand frère lui manque souvent. Charles le sait et a vraiment pris le temps d'écouter, de partager, de rire, de jouer avec son frère. Mais là, c'est le moment de l'ouverture des cadeaux. C'est le plus jeune qui ouvre la danse. Pas de paquet pour Hugo. Juste une enveloppe posée sur ses chaussons.

Il l'ouvre délicatement.

Pas d'en-tête qui pourrait l'aider à comprendre qui lui adresse ce mot. Il se lance dans la lecture :

Madame, Monsieur,

Nous sommes ravis de pouvoir, dès la rentrée de janvier, inscrire votre fils Hugo au club d'athlétisme.

Les heures d'entraînement seront encadrées par Franck ROUSSEAU, coach sportif professionnel.

Votre fils devra se munir d'une tenue de sport adéquate pour pratiquer l'athlétisme (veuillez vous reporter à la liste au verso de ce document).

Les cours auront lieu tous les mercredis de 15 h à 17 h au stade Marcel Durand.

Nous souhaitons la bienvenue à notre nouvel adhérent.

Julie Belloin
Présidente de l'association « Le Sport dans la ville ».

Hugo reste sans voix. Le plus beau des cadeaux ! Faire du sport tous les mercredis. Il le sait, il se donnera à fond ! Norbert prend la parole. Il a sur le visage cet air solennel qu'il aime prendre quand il s'apprête à annoncer une nouvelle. Deux ou trois fois, en début de matinée, Hugo a surpris son père au téléphone. Il n'a pas entendu ce qu'il disait, mais lorsqu'il a raccroché, il affichait un franc sourire.

– Hugo, s'il te plaît, tu peux aller ouvrir la porte d'entrée ?

– Mais personne n'a sonné, répond Hugo tout en se mettant bien droit sur ses pieds.

– Va, mon fils.

Hugo sort de la pièce, emprunte le couloir menant à l'entrée et pose la main sur la poignée de la porte. Il respire un grand coup et l'ouvre complètement.

Là, debout, devant lui, Mélina, en chair et en os.

– Non ! Pas possible ! Mélina ! Super ! Bienvenue ! Entre !

– Non, Hugo, je suis désolée. Je ne vais pas entrer. Je suis juste de passage et attendue ailleurs aujourd'hui. Je suis venue t'annoncer une bonne nouvelle.

Hugo est impatient.

– En accord avec tes parents et afin de te permettre de continuer à progresser en classe, je viendrai t'aider pour ton travail personnel durant tout le mois de janvier, sauf le mercredi, précise-t-elle avec un grand sourire. Je crois que tu seras bien occupé, ajoute-t-elle d'un air malicieux.

– Mais c'est génial, Mélina !

– Oui, mais sache que c'est toi qui es génial.

– Tu ne veux vraiment pas entrer ? Allez, juste quelques minutes…

– Non, je file, Hugo. Rendez-vous le 4 janvier ici, à 17 h 30.

Déçu et content tout à la fois, Hugo referme doucement la porte… Il ralentit le pas dans le couloir. Vraiment, c'est le plus beau Noël qu'il ait connu depuis longtemps.

Il n'y a plus un bruit dans le salon, pas d'éclats de voix en ce beau jour de fête. C'est en franchissant la porte qu'Hugo comprend.

Mélina est là, avec eux.

– En fait… je n'ai pas pu résister ! Je suis passée par la porte-fenêtre du salon, lui dit-elle en riant.

Elle offre une jolie canne du bonheur entourée d'un ruban à Hugo.

– Je compte sur toi. Prends-en soin. Elle aura besoin d'un peu d'eau, précise-t-elle en la secouant juste un peu.

Hugo ne le sait pas, mais par ce mouvement, la canne devient magique…

Ce qu'il a compris, c'est que plus rien ne sera comme avant.

FIN

Accompagnez votre enfant dans son apprentissage avec les ouvrages d'Anne-Marie Gaignard

Pour ne plus faire de fautes

Plus jamais zéro en orthographe avec cette méthode révolutionnaire sans mots complexes ni règles rébarbatives, qui réconciliera pour de bon votre enfant avec l'école.

Hugo et les rois Être et Avoir

Un conte illustré qui rend la grammaire ludique et facilite la maîtrise durable des règles essentielles.

Hugo et les rois -
Mon cahier 3 en 1

Hugo et les rois -
La Roue des mots difficiles

Les premiers cahiers parents-enfants pour apprendre autrement grâce à des activités concrètes et ludiques.

Pour apprendre facilement et durablement

Finis les trous de mémoire et l'angoisse avant les interrogations avec cette méthode originale qui dévoile des « trucs et astuces » pour mémoriser et renouer avec le plaisir d'apprendre à tout âge.

Hugo et les secrets
de la mémoire

LE ROBERT

En savoir plus sur www.lerobert.com